全国中等职业技术学校饭店服务专业

饭店管理基础知识习题册

——与《饭店管理基础知识（第三版）》配套

中国劳动社会保障出版社

简介

本习题册与全国中等职业技术学校饭店服务专业教材《饭店管理基础知识（第三版）》配套使用。习题册按教材章节的顺序编写，包括名词解释、填空题、选择题、判断题、简答题、综合题等，题型丰富、难易适中，供学生课后练习使用。

本习题册由贺湘辉主编，詹娜、单瑞文参与编写。

图书在版编目（CIP）数据

饭店管理基础知识习题册/贺湘辉主编. —北京：中国劳动社会保障出版社，2016
全国中等职业技术学校饭店服务专业
ISBN 978-7-5167-2690-7

Ⅰ.①饭… Ⅱ.①贺… Ⅲ.①饭店-企业管理-中等专业学校-习题集 Ⅳ.①F719.2-44

中国版本图书馆 CIP 数据核字（2016）第 178894 号

中国劳动社会保障出版社出版发行
（北京市惠新东街 1 号　邮政编码：100029）

*

北京鑫海金澳胶印有限公司印刷装订　　新华书店经销

787 毫米×1092 毫米　16 开本　3.75 印张　89 千字
2016 年 7 月第 1 版　　2024 年 8 月第 8 次印刷
定价：7.00 元

营销中心电话：400-606-6496
出版社网址：http://www.class.com.cn
http://jg.class.com.cn

目　录

第一章 饭店概述

第一节 饭店与饭店产品

一、名词解释

1. 饭店

2. 饭店的外形产品

二、填空题

1. 饭店与____________、______________一起被称为旅游业的三大支柱。

2. 饭店延伸产品指顾客在购买饭店产品时得到的____________的总和。

3. 饭店出售的产品，其______________和______________几乎是同步进行的。

4. 现代旅游是一种______________形式，而通常情况下，饭店消费则成为旅游消费的重要组成部分。

三、选择题

1. 饭店（Hotel）一词来源于（ ）。

A. 英语　B. 法语　C. 德语　D. 希腊语

2. 饭店产品包括核心产品、外形产品和（ ）。

A. 特色产品　B. 有形产品　C. 延伸产品　D. 无形产品

3. 下列选项中，不属于饭店延伸产品的是（ ）。

A. 优惠条件　B. 价格折扣　C. 针对性服务　D. 建筑特色

4. 淡旺季顾客多寡差别很大，造成饭店入住率大起大落。因此饭店产品的销售具有明显的（ ）。

A. 综合性　B. 不可储存性　C. 季节性　D. 人为不确定性

四、判断题

1. 港澳、广东一带习惯性将饭店称为“酒店”，江浙沪地区常常以“饭店”表示高级饭店，而北方地区则多称“宾馆”。 （　）

2. 饭店的外形产品指饭店产品中能满足顾客需要的基本效用和利益的那部分产品，主要包括住宿、饮食、康乐、购物等。 （　）

3. 饭店外形产品是饭店产品中最为直观的部分，也是一家饭店产品区别其他饭店产品的根本特色所在。 （　）

4. 饭店服务是无形的，服务质量的好坏不能像其他商品那样用机械或物理的性能指标来衡量。 （　）

5. 因为饭店产品具有人为不确定性，所以饭店业的行家把客房比喻为“易坏性最大的商品”和“只有 24 小时寿命的商品”。 （　）

五、简答题

1. 简述饭店核心产品的内涵。

2. 饭店产品的特点有哪些?

第二节　饭店业的产生与发展

一、名词解释

1. 驿传

2. 现代饭店

二、填空题

1. 世界饭店业的产生与发展共分为四个时期，即客栈时期、____________、____________和现代饭店时期。

2. 商业饭店时期大约从 19 世纪末到 20 世纪 50 年代，以__________为代表。

3. 我国古代饭店的基本特点是：____________，____________。

4. 近代饭店时期，饭店企业规模较大、设备较舒适、服务项目较多，服务对象是____________，在管理上学习了________________。

三、选择题

1. 中世纪时期的客栈以（　　）最为著名。

A. 法国　　B. 英国　　C. 美国　　D. 德国

2. （　　）时期的代表人物是塞撒・里兹。

A. 古代客栈　　B. 豪华饭店　　C. 商业饭店　　D. 现代饭店

3. 我国古代饭店在各个朝代的称谓不同，如宋朝称（　　）。

A. 驿站　　B. 客店　　C. 会馆　　D. 同文馆

4. 下列选项中，不属于豪华饭店的特点的是（　　）。

A. 规模大　　B. 服务设施齐全

C. 处于经验管理阶段　　D. 以追求利润为目的

四、判断题

1. 客栈规模较小，价格低廉，设施简单，仅提供基本的食宿服务，是近代饭店的雏形。（　　）

2. 豪华饭店时期大约从 19 世纪中期到 20 世纪 50 年代，以法国为代表。（　　）

3. 商业饭店时期，饭店企业经营活动完全商品化，营销运动受资本运动规律支配，以追求利润为主要目的。（　　）

4. 1984 年，国家旅游局向全国旅游饭店推广岗位责任制和浮动工资制后，我国饭店行业实现了第一次重大变革，开始了从经验管理向科学管理、事业单位管理向企业管理的转变。（　　）

5. 我国饭店业发展实现了企业型向事业型转变，经验管理向科学管理转变。（　　）

五、简答题

1. 简述世界饭店业现代饭店时期的主要特点。

2. 简述我国现代饭店时期，饭店业的发展呈现的特点。

第三节　饭店的类型与等级

一、名词解释

1. 欧陆式计价饭店

2. 中型饭店

二、填空题

1. 长住型饭店主要接待__________顾客和__________顾客，他们喜欢轻松的氛围，有家庭生活乐趣，对价格敏感度大。

2. 我国私有经济饭店包括私有经济、______________、______________3 种成分类型饭店。

3. 美式计价饭店的客房价格包括房租以及______________的费用。住店者没有其他地方可用餐的度假型饭店较多采用这种方式。

4. 我国的《星级标准》颁布实施至今，经历了 1993 年、______________、2003 年和

__________四次修订。

三、选择题

1. 汽车饭店一般位于（　　）。

A. 海滨、山区和温泉附近　　B. 城区或商业中心附近

C. 交通便利的度假中心　　D. 主干公路和高速公路沿线

2. 客房数量大于（　　）间的饭店属于大型饭店。

A. 600　　B. 500　　C. 400　　D. 300

3. 在美国，饭店等级的评定较有影响的是美国汽车协会及美国汽车石油公司分别制定并使用的（　　）和“五星”等级制。

A. “1～5 星”　　B. “豪华，1～4 级”

C. “五花”　　D. “豪华，1～5 星”

4. 旅游饭店星级分为五个级别，即一星级、二星级、三星级、四星级、五星级（含白金五星级），最低为（　　），最高为五星级。

A. 一星级　　B. 二星级　　C. 三星级　　D. 四星级

四、判断题

1. 商务型饭店的地理位置一般在城区或商业中心附近。（　　）

2. 会议型饭店以客房为主要经营项目，餐饮、康乐、会议等配套设施很少或没有，但饭店周边的娱乐、购物、交通比较发达。（　　）

3. 欧式计价饭店的客房价格包括房租及一份简单的欧陆式早餐（即咖啡、面包和果汁之类）的费用。（　　）

4. 国际饭店业中，以等级或星级来评定一家饭店级别的方法较普遍，如中国和法国的饭店分为“1～5 星”五级，意大利的饭店分为“豪华、1～5 级”。（　　）

5. 从 1988 年开始，我国旅游饭店业实施星级评定制度。（　　）

五、简答题

1. 简述对饭店进行分类的优点。

2. 简述按照饭店计价方式划分的饭店类型。

六、综合题（连线题）

饭店类型	**市场特点**
商务型饭店	对市场需求季节性强，价格比较敏感
度假型饭店	消费水平较高，受定期例行的会议日期的影响
长住型饭店	对价格敏感度大，有家庭生活乐趣
会议型饭店	消费水平较高，注重交往礼节和地点，住宿时间短
汽车饭店	以接待驾车旅行的公务顾客和驾车度假的家庭顾客为主

第四节　饭店的功能和结构布局

一、名词解释

1. 饭店前台区域

2. 饭店餐饮设施

二、填空题

1. 饭店从业务性质上来说可以分____________和____________两大部分。

2. 大堂的中心部分是________________，在大堂中的位置要十分醒目，同时还要设置预订处、行李房、商务中心、大堂经理等。

3. 客房是供顾客进行________、________、工作、梳洗、会客等活动的场所。

4. 饭店公共场所布局的总原则一般是以________为中心，所有公共场所紧紧围绕这一中心。

三、选择题

1. 饭店后台部分的装修，应以（　　）为主。

A. 经济实用　　B. 优雅舒适　　C. 简单朴素　　D. 豪华气派

2. （　　）是饭店的主体，是饭店存在的基础，是顾客在饭店内唯一能封闭而单独使用的场所。

A. 前厅　　B. 大堂　　C. 餐厅　　D. 客房

3. （　　）布局十分讲究“细”，即细部、细节、细微之处的考虑。

A. 前厅　　B. 大堂　　C. 餐厅　　D. 客房

4. 下列选项中，不属于饭店娱乐设施的是（　　）。

A. 棋牌室　　B. 宴会厅　　C. 影视厅　　D. 歌舞厅

四、判断题

1. 餐厅一般设置在建筑物的一、二层，沿街的建筑物可靠街设置餐厅。（　　）

2. 娱乐设施通常布局在饭店高层后部、侧面，或安置在裙房里，或安置在公共设施区域，以尽量防止对其他区域造成的噪声污染。（　　）

3. 后台部分的功能和结构布局是围绕着为顾客服务、为前台服务而发生作用的。（　　）

4. 饭店的后台部分主要指饭店的行政管理办公室和后勤区域（员工用房、洗衣房、工程设备部门、仓库等），一般可直接接触顾客。（　　）

5. 酒店结构布局的总原则是：顾客使用区域或能为饭店带来收入的部门应占据较大的空间，且所占投资比例较高。（　　）

五、简答题

1. 简述现代饭店的功能。

2. 饭店功能和结构布局的原则有哪些？

第二章　饭店管理基础理论

第一节　饭店管理的内涵

一、名词解释

1. 饭店管理

2. 饭店管理资源

二、填空题

1. 饭店管理的概念主要表明了饭店管理的__________、__________和职能。

2. ________________是饭店正常运转的基本保证。

3. 形象资源是指饭店在社会公众或消费者心目中所形成或树立的______稳定的地位和整体形象。

4. 饭店管理的职能就是__________、组织、指挥、__________和控制。

5. 饭店管理的本质是管理者科学地执行__________。

三、选择题

1. 下列选项中，(　　) 是饭店中最重要的资源，是饭店管理成功的关键。

A. 财力资源　B. 信息资源　C. 人力资源　D. 物力资源

2. 饭店管理的资源中，不属于有形资源的是 (　　)。

A. 人力资源　B. 财力资源　C. 物力资源　D. 形象资源

3. 下列选项中，属于物力资源的是 (　　)。

A. 设施　B. 物流　C. 信誉　D. 报表

4. 下列选项中，(　　) 不属于饭店既定目标要考虑的效益。

A. 经济效益　B. 环境效益　C. 社会效益　D. 科技效益

四、判断题

1. 饭店管理的目标就是要获取最大利润，取得最佳的经济效益。（　）

2. 饭店人力资源是指饭店中的人员及与饭店有间接关系的其他人员，包括各层管理人员和一线员工等。（　）

3. 饭店形象资源是指饭店在社会公众或消费者心目中所形成或树立的相对稳定的地位和整体形象，是一种有形资源。（　）

4. 在饭店管理的概念中，计划职能是管理者与饭店实体相联系的纽带，是其必不可少的组成内容之一。（　）

5. 管理者从事饭店管理，首先要把握住管理对象和内容，进而发挥自己的管理才能，灵活应变，最终形成自己经营管理的思路，并不断创新。（　）

五、简答题

1. 饭店管理的资源有哪些？

2. 饭店管理的内容有哪些？

第二节　饭店管理的职能

一、名词解释

1. 饭店管理职能

2. 饭店指挥职能

二、填空题

1. 按时间分类，饭店计划可分为________________、________________、________________。

2. 计划工作可分为六个步骤，主要包括收集信息、________________、提出设想、选择方案、________________、________________等。

3. 饭店指挥职能的类型可分为________________、________________、归纳式指挥、应急式指挥。

4. 饭店外部协调可分为饭店与______和饭店与______的协调两种。

5. 执行控制职能应注意以下几点：____________________，具有灵活特点，讲究经济效益，____________________。

三、选择题

1. 法约尔“管理的五大职能”理论发表在（　　）。

A. 《企业管理》　　B. 《生产管理》

C. 《工业管理》　　D. 《工业管理与一般管理》

2. 年度计划属于饭店计划中的（　　）。

A. 长期计划　　B. 中期计划　　C. 短期计划　　D. 暂定计划

3. 确定目标是计划工作的第（　　）个步骤。

A. 1　　B. 2　　C. 3　　D. 4

4. 指挥者在充分听取各方意见的基础上，进行合理决策，再下达指令的指挥方法属于（　　）。

A. 启发式指挥　　B. 直接指挥　　C. 归纳式指挥　　D. 应急式指挥

5. 下列选项中，不属于饭店产生差异的原因的是（　　）。

A. 目标或标准合理　　B. 实际工作中的误差

C. 外部环境变化的影响　　D. 各种因素的综合反应

6. 管理者在饭店业务进行过程中的控制属于（　　）。

A. 预先控制　　B. 现场控制　　C. 反馈控制　　D. 事后控制

四、判断题

1. 执行管理职能是饭店管理者的主要职责，饭店管理职能贯串于饭店管理全过程。（　　）

2. 法约尔认为，任何企业都有六种基本的活动，即技术活动、商业活动、财务活动、安全活动、会计活动、营销活动。（　　）

3. 计划的前提和基础是决策，决策是计划的产物。（　　）

4. 短期计划是计划期在 1 年以内的计划，如年度计划、半年计划、季度计划、月度计划、周计划等。（ ）

5. 直接指挥是指挥者用明确的信息对被指挥者直接下达指令并使之执行的管理方法，是饭店中最常用的一种指挥方式。（ ）

6. 执行协调职能时应注意以下几点：协调要有一定的依据，要控制在一定的范围内，要从全局的高度协调。（ ）

五、简答题

1. 简述计划工作的步骤。

2. 简述指挥职能的基本内容。

第三章　饭店组织管理与文化建设

第一节　饭店组织设计原则和组织结构

一、名词解释

1. 目标统一原则

2. 权力和责任一致原则

3. 统一指挥原则

4. 管理幅度

二、填空题

1. 目标统一原则要求饭店以______为中心，______设机构、设职位，做到__________的高度配合。

2. 饭店选拔管理人员的标准应是“____”。

3. 饭店组织层次一般划分为四层：______、______、______、操作层或作业层。

4. 前台部门是指________________的部门，主要有销售部、公关部、前厅部、客房部、餐饮部、康乐部等。

三、选择题

1. 饭店中各层次的管理幅度从高到低一般为 3～15 人，其中高层（　　）人，中层 8～10 人，基层少于 15 人。

A. 1～2　　B. 2～3　　C. 6～7　　D. 3～6

2. 下列选项中，不属于后台部门的是（　　）。

A. 销售部　　B. 保安部　　C. 财务部　　D. 办公室

3. 饭店大堂副理有处理客人投诉等权力，这项权力属于（　　）。

A. 直线职权　　B. 职能职权　　C. 参谋职权　　D. 事业职权

4. 我国饭店普遍采用的组织结构是（　　）。

A. 直线制组织结构　　B. 职能制组织结构

C. 直线职能制组织结构　　D. 事业部制组织结构

5.（　　）在规模较大的大型饭店、饭店管理公司和饭店管理集团被广泛采用。

A. 直线制组织结构　　B. 职能制组织结构

C. 直线职能制组织结构　　D. 事业部制组织结构

四、判断题

1. 饭店组织的要求是把责任明确落实到人，什么责任该谁负，谁该负什么责任都应该很清楚。（　　）

2. 从最基层到最高层，组织中的每一个人都只对不超过两个的上级负责。（　　）

3. 饭店内部要团结，但团结是有原则的，要以正气为准则，以目标为前提。（　　）

4. 一般来说，组织要进行实现目标的有效活动，就要求组织结构维持一种相对平衡的状态，组织结构不宜频繁调整，应保持相对稳定。（　　）

5. 直线职能制组织结构最突出的特点是按照“集中决策，分散经营”的原则设计和建立组织结构。（　　）

五、简答题

1. 饭店组织设计原则有哪些？

2. 组织内的职权类型有哪些？

第二节　饭店组织管理体制

一、名词解释

1. 经济责任制

2. 岗位责任制

3. 工作制度

二、填空题

1. 经济责任制的核心是______、______、______的一致，这种一致是以制度或内部合同的形式予以确定的。

2. 饭店经济责任制具体落实到不同的管理层活动当中，分别体现为____________经济责任制、________________经济责任制、________________经济责任制和________经济责任制。

3. 饭店员工手册的奖惩条例中，处罚的内容包括处罚员工的________、处罚的______________，以及员工对饭店处罚的____________等。

4. ______________________是饭店各项规章制度的核心制度，它强调岗位、个人、责任。

三、选择题

1. 下列选项中，不属于员工手册中聘用条件的内容是（　　）。

A. 工作时间　　B. 报酬说明　　C. 奖惩条例　　D. 病事假制度

2.（　　）是指员工被饭店录用后应该在日常工作中遵守的行为准则。

A. 组织结构　　B. 聘用条件　　C. 规章制度　　D. 奖惩条例

3. 每年年底对每个员工的实绩进行一次全面考核，以此为依据决定员工是否继续聘用以及如何增加工资。这体现的是员工手册的（　　）内容。

A. 组织结构　　B. 聘用条件　　C. 规章制度　　D. 奖惩条例

四、判断题

1. 员工手册的制定要依据我国政府有关的人事劳动法规，如我国《劳动法》规定每周工作 6 天，每天工作 8 小时。（　　）

2. 规章制度是指员工被饭店录用后应该在日常工作中遵守的行为准则，这方面的内容写得越详细越好。（　　）

3. 员工手册的解释权属于员工。（　　）

4. 经济责任制每年要制定，在实施的过程中根据情况变化还要作修订。（　　）

五、简答题

1. 经济责任制的主要内容是什么？

2. 饭店员工手册的主要内容是什么？

第三节　饭店企业文化建设

一、名词解释

1. 企业价值观

2. 企业精神

3. 企业道德

4. 企业形象

二、填空题

1. ____________________是饭店经营管理的精神支柱，其实质就是饭店企业价值观。

2. 饭店企业文化的稳定性主要体现在企业经过长期的______、______、______、______才能建立起来。

3. 饭店企业文化是以广大员工共同的____________、____________为前提的。

4. ____________是整个饭店企业文化系统，乃至整个企业经营管理的文化内核，是企业文化的灵魂，是企业生存的基础。

三、选择题

1. 企业文化包含的各种价值因素、信念因素、道德因素、心理因素等，是作为一种文化心态和氛围存在于特定的人群之中的，因此它具有（　　）。

A. 有形性　　B. 无形性　　C. 不稳定性　　D. 稳定性

2. 企业文化的（　　）功能主要表现在企业价值观对企业主体行为，即饭店企业管理者和广大员工行为的引导上。

A. 激励　　B. 约束　　C. 导向　　D. 协调

3. 下列选项中，不属于现代饭店企业精神内容突出表现的是（　　）。

A. 创新精神　　B. 团队精神　　C. 竞争精神　　D. 专行独断

4. 提高领导认识、发挥模范作用是创建企业文化的（　　）。

A. 核心　　B. 保证　　C. 宗旨　　D. 规范

四、判断题

1. 企业文化的活力和建设的好坏，就在于不断地根据变化着的形势进行创新，不断更

新企业文化。（　　）

2. 企业组织结构是一种观念、一种认识、一种群体意识，它只有在实践中才可能被人所充分认识，认识来源于实践。（　　）

3. 企业文化不应以领导者个人的意识为尺度，而应凡事都以员工的共同价值观念为尺度，让员工觉得受到重视，主动关心企业的发展，贡献自己的聪明才智。（　　）

4. 企业文化以广大员工共同的思想、理念、信仰、意识为指导，所以必然是自由的、开放的、没有约束的。（　　）

5. 加强企业民主建设，就是让广大员工当家做主，只要是员工喜欢的，企业就应该执行。（　　）

6. 一般来说，组织要进行实现目标的有效活动，就要求组织结构维持一种相对平衡的状态，组织结构不宜频繁调整，应保持相对稳定。（　　）

五、简答题

1. 饭店企业文化的特点是什么？

2. 简述饭店企业文化的主要功能。

3. 饭店企业文化建设的策略有哪些？

第四节 构建学习型组织

一、名词解释

学习型组织

二、填空题

1. 学习型组织（饭店）的总特征是不断______，不断______，不断____________________。

2. 学习型的饭店为保持持续学习的能力，应做到“______学习、______学习、______学习和______学习”。

三、选择题

1. “学习型组织”的本质特征是（　　）。

A. 有专业的管理人员　　B. 善于不断学习

C. 有浓厚的学习氛围　　D. 有严谨的管理制度

2. 学习型组织（饭店）核心部门应该是（　　）。

A. 财务部　　B. 销售部　　C. 客房部　　D. 培训部

3. 下列选项中，不属于学习型组织（饭店）的特征的是（　　）。

A. 高度重视人力资本投资　　B. 有强烈的学习意识

C. 有极强的创新意识和创新精神　　D. 饭店外部形成浓厚的学习氛围

四、判断题

1. 构建学习型组织，要充分认识物力资本是比物质资本更重要的资本，是饭店最重要的资产。（　　）

2. 饭店应建立一个真正平等、个人畅所欲言的组织环境，学习型组织才有成长的良好土壤，形成组织内良好的学习风气。（　　）

3. 凡是学习型的组织，人力资源培训是处于中心地位的工作，业务部门也是居于饭店核心位置的部门。（　　）

五、简答题

1. 学习型组织的特征是什么？

2. 学习型组织的构建应从哪些方面入手?

第四章　饭店主要业务部门管理

第一节　饭店前厅服务与管理

一、名词解释

前厅部

二、填空题

1. 饭店接待业务的管理，最为基本的是________、________、________三个主要业务部门的管理。

2. 收银处亦称结账处，一般由________、收银员和________________组成。

3. 前厅部对客服务的全过程划分为__________________________、顾客到店接待服务阶段、________________________、顾客离店服务阶段和顾客离店后服务阶段五个阶段。

4. 做好顾客__________________服务阶段的各项服务工作，充分满足顾客的个性需求，其重要意义显得尤其明显和突出，是对客服务全过程中的“重中之重”。

5. 顾客抵店前准备工作阶段共分为________________和______________两个阶段。

三、选择题

1. 前厅部的主要任务之一就是销售客房产品，客房收入通常在饭店营业收入中占有很大比重。这体现了前厅部具有（　　）作用。

A. 窗口　　B. 经济　　C. 协调　　D. 决策

2. 下列选项中，不属于礼宾服务人员组成的是（　　）。

A. 迎宾员　　B. 领班　　C. 大厅服务主管　　D. 问询员

3.（　　）的主要职能是：负责回答顾客问询，包括介绍饭店内服务项目、市内观光、交通情况、社团活动等相关信息。

A. 收银处　　B. 大厅服务处　　C. 预订处　　D. 问询处

4. 下列选项中，属于电话总机的主要职能的是（　　）。

A. 代办特快专递服务　　B. 叫醒服务

C. 制作客房营业日报　　　　　　　　D. 长途电话服务

四、判断题

1. 前厅部是饭店的信息中心，它所收集、加工和传递的信息是饭店管理者进行科学决策的依据。（　　）

2. 预订处又称“开房处”，通常配备有主管、领班和接待员。（　　）

3. 收银处直接面对面地为顾客提供服务，是总台的重要组成部分，通常隶属于饭店前厅部。（　　）

4. 前厅服务人员在顾客即将离店之时，主动、诚恳地征求顾客意见，并请顾客对服务的不足之处予以谅解，同时感谢顾客光临本饭店。这是进行二次推销、培养“忠诚顾客”即回头客的好机会。（　　）

五、简答题

1. 前厅部在顾客到店接待服务阶段的主要工作任务是什么？

2. 前厅部一般包括哪些机构？

六、综合题

有一对来自北京的夫妇入住某饭店，作为前厅部接待处的一名员工，你热情的招待让他们印象深刻，在离店时，这对夫妇委托你帮忙在饭店内寻找他们丢失的戒指，你应如何处理？

第二节 饭店客房服务与管理

一、名词解释

1. 客房部

2. 客房送餐服务

3. 客房计划卫生

二、填空题

1. 客房部的清洁卫生工作主要包括两个方面，即______的清扫和______________的清扫。

2. 客房计划卫生一般可以分为________________、季节性及________________。

3. ________在饭店里的位置往往是十分显要的，它甚至成了饭店豪华程度的象征。

4. 目前，国内的饭店客房对客服务的模式主要有两种：一是设立楼层服务；二是设立________________。

5. 客房部的员工在处理客人遗留的文件、资料时应特别慎重，凡未被放进垃圾筒的，都应被视为＿＿＿＿＿＿＿＿，不可随意扔掉。

三、选择题

1. 下列选项中，不属于客房计划卫生内容的是（　　）。

A. 地面保养　　B. 家具设备设施保养

C. 补充客房用品　　D. 除尘消毒

2. 顾客入住饭店后，绝大部分的接待服务工作是在楼层完成的。这说明（　　）的接待服务是饭店服务的主体。

A. 客房　　B. 餐厅　　C. 前厅　　D. 收银处

3. 饭店服务人员应走在客人的侧前方，距顾客（　　）米左右。

A. 0.5　　B. 1　　C. 1.5　　D. 2

4. 下列选项中，属于来访服务内容的是（　　）。

A. 退房前准备　　B. 离开时的送别

C. 离开后检查　　D. 办理来访登记手续

四、判断题

1. 客房服务质量的好坏直接影响顾客对饭店产品的满意度，也对饭店的声誉和经济效益产生重大影响。（　　）

2. 客房的清洁整理一般分为每日计划清扫和计划卫生两类。（　　）

3. 季节性及年度计划清洁范围较大，时间较长，一般安排在经营旺季进行，并且要与前厅部、工程部密切合作，以便实行楼层封闭及对设备进行检修。（　　）

4. 餐厅的全面清洁保养一般在夜晚停业之后至次日开餐之前进行。（　　）

5. 楼层接待工作主要是由领班完成的，一般分为四个环节，即迎客准备工作、顾客入住时的迎接工作、住客的服务工作、顾客退房的服务工作。（　　）

五、简答题

1. 客房对客服务包括哪些内容？

2. 简述拾遗服务的注意事项。

六、综合题

有一位自称是401房间顾客的朋友的人到访，但刚好顾客不在房间，你作为一名客房服务人员，应如何处理？

第三节 饭店餐饮服务与管理

一、名词解释

1. 菜单

2. 餐饮设备设施的规划

二、填空题

1. 菜单筹划应在市场调研和确定自己经营方针的基础上进行，应以______为导向，满足顾客的需求。

2. __________________是饭店餐饮经营中产品生产的物质基础。

3. 服务人员必须熟悉当日菜单，包括菜点的_________、风味特色、烹调特点，__________、菜点的价格及________________。

4. 餐厅服务员每上一道菜都要及时报菜名。如果是风味菜肴，还要介绍菜肴的__________和____________，以增加顾客的兴趣。

5. 中餐上菜的服务顺序是________先上，接着上热菜、________、汤，最后上________________、水果等。

三、选择题

1. （　　）即从财务角度对餐饮经营进行监督和控制，以便及时发现问题，对餐饮经营进行必要的调整，达到提高效益的目的。

A. 成本核算　　B. 评估反馈

C. 设施设备规划　　D. 原料采供

2. （　　）工作建立在菜单筹划、餐厅经营主题确定的基础上。

A. 成本核算　　B. 评估反馈

C. 设施设备规划　　D. 原料采供

3. 顾客点菜时，服务人员应站在顾客（　　），与顾客保持一定距离，腰部稍微弯下一点，手持点菜簿，认真倾听顾客选定的菜点名称，并适时向顾客介绍、推销菜点。

A. 前面　　B. 后面　　C. 左侧　　D. 右侧

4. 账单不可直接交到顾客手里，应将账单（　　），反扣着放在小托盘中，送到顾客面前或左侧靠近桌边处，并且询问结账的方式。

A. 打开　　B. 正面朝上　　C. 密封　　D. 正面朝下

四、判断题

1. 如果有些菜烹制时间较长，服务人员应立即向顾客表示歉意，并婉转地向顾客建议其他类似的菜肴。（　　）

2. 服务人员必须将当日开餐所需要的餐具、酒水、辅助用品准备齐全，并且多备出来一些。（　　）

3. 酒品开瓶后，餐厅服务人员应立刻为顾客斟倒第一杯酒，斟酒后将酒瓶放回备餐间，随手撤下斟完的酒瓶，为上菜做好准备。（　　）

4. 顾客食用海鲜类菜肴时，服务人员要及时送上洗手盅和小毛巾或餐巾纸，随时注意餐台台面的清洁工作。（　　）

5. 服务人员收西式餐具时，应先用左手端一大盘，将刀子和叉子并排放到盘上，刀子放下面，然后将其他盘子摞在左手腕上。（　　）

五、简答题

1. 就餐服务的基本要求是什么？

2. 餐厅服务员的餐前准备工作主要包括哪些内容？

六、综合题

正值展会期间，某饭店餐厅的午餐时段十分繁忙，作为餐厅服务员，餐厅经理让你协助顾客进行点菜，你应如何处理？

第五章　饭店营销管理与公关管理

第一节　饭店营销管理概述

一、名词解释

1. 市场营销

2. 饭店市场（营销角度）

二、填空题

1. 饭店首先要对市场进行充分的________，然后确定为其服务的______________，了解这些市场中的现有顾客和潜在顾客的________，最后去设计有针对性的____________________，以满足自己目标市场的要求，从而实现自己的经营利益。

2. 饭店可以通过事____、事____、事____的检查来控制服务差错的出现。

3. 饭店的营销观点也强调在保证__________的前提下，使自己的营销目标得到实现。

4. 市场营销是一种企业活动，是企业____________、__________的行为。

三、选择题

1. 饭店工程部为节约能源，会对空调的开关时间刻意控制，会因此造成顾客投诉，这是（　　）观念导致的。

A. 协助　　B. 统一　　C. 沟通　　D. 本位

2. 关于饭店营销，下列选项表述正确的是（　　）。

A. 饭店营销是以饭店现有的产品为工作起点的

B. 饭店营销首先研究的是饭店生产能力

C. 饭店营销手段重视广告、公关、人员推销、营业推广等作用

D. 饭店营销是为了满足顾客的合理要求，为使饭店赢利而进行的一系列经营、销售活动

3. 下列选项中，不属于饭店营销手段的是（　　）。

A. 产品策略　B. 价格策略　C. 营业推广　D. 促销策略

4. 在顾客办理退房手续时，请顾客填写意见表是为了（　　）。

A. 正确选择目标市场　B. 不断了解顾客需要，创造顾客满意

C. 加强协调　D. 创造良好的营销氛围

四、判断题

1. 市场营销的任务是以饭店现有的产品作为工作的起点，研究怎样利用广告、公关、人员推销、营业推广等手段来增加销售量。（　　）

2. 观念决定行为，有什么样的观念就有什么样的行动。（　　）

3. 客源市场可简单地分成高、中、低三个档次，饭店同时满足三个档次的客源市场。（　　）

4. 饭店各个部门间必须充分沟通，解决问题要站在满足本部门需求的角度来进行协调。（　　）

五、简答题

1. 简述饭店市场营销的意义。

2. 现代饭店市场营销工作需要掌握的营销观念要点有哪些？

六、综合题

有人认为：饭店营销人员是饭店的员工，饭店利润高，营销人员工资就高，所以在营销过程中只要关注利润增长、市场占有率、销售量等方面的指标，不用顾及顾客的满意程度。你是否认同上述观念，请简述理由。

第二节　饭店营销组合策略

一、名词解释

1. 饭店营销组合策略

2. 心理定价策略

3. 差别定价策略

4. 分销渠道

5. 促销

二、填空题

产品组合示意表

	餐饮服务	客房服务	康乐服务
产品线的长度	中餐厅	普通单人间	桑拿
	西餐厅	普通双人间	健身
	咖啡厅	标准套间	卡拉 OK、KTV
	自助餐厅	豪华套间	美容美发
	宴会厅	总统套间	
	特色餐厅		

1. 上表中，产品组合的平均深度是______。

2. 上表中，康乐服务产品线的深度是________。

3. 饭店企业常采用的定价策略有___________________、_________________、_________________。

4. 饭店产品的营销渠道主要包括______________和___________________两类。

5. 饭店主要渠道选择方案由三种因素构成：中间商____、中间商____和每个渠道成员的责任。

6. 促销方式主要包括_________________、_____________、_____________和_______________四个方面。

三、选择题

1. 下列选项中，不属于 4P 因素的是（　　）。

   A. 产品因素　　B. 营销渠道因素　　C. 价格因素　　D. 需求因素

2. 饭店营销组合策略中，最基本的策略是（　　）。

   A. 产品策略　　B. 便利策略　　C. 价格策略　　D. 促销策略

3. 下列选项中，表述错误的是（　　）。

A. 产品组合的长度指饭店的每一个分类产品中所包含的不同服务项目的数量
B. 产品组合的深度指每一个不同的服务项目中能提供多少不同的品种
C. 产品组合的密度指每个产品线上的产品在使用功能、生产条件、销售渠道或其他方面的关联程度
D. 产品组合的广度指饭店所拥有的产品线的数量，即饭店经营的分类产品的数量，产品线多越好

4. 饭店产品的价格不能随意调整，每次调整的幅度不能大于（　　）。
A. 25％　　B. 5％　　C. 35％　　D. 15％

5. 下列说法正确的是（　　）。
A. 饭店为迎合顾客求廉心理，给商品制定一个以带有零头的非整数价格，如 0.99 元、9.95 元等，这是差别定价法
B. 分级定价是指饭店将产品按档次分为几级，每级定一个价格来满足不同消费层次的顾客需求
C. 凭借饭店在顾客心目中的良好信誉及顾客认为名牌产品、高档次产品“价高必优”的心理，以较高的价格吸引顾客购买而制定的饭店产品价格，这是招徕定价法
D. 饭店产品价格应该定越高越好，满足顾客的虚荣心

6. 饭店对那些大量购买某种产品的顾客予以一定的减价的方法属于（　　）。
A. 季节折扣　　B. 同业折扣　　C. 数量折扣　　D. 现金折扣

7. 选择较好的中间商，以少数中间商创造大销售量市场，这是（　　）。
A. 广泛销售渠道　　B. 独家销售渠道
C. 选择性销售渠道　　D. 直销渠道

8. 下列选项中，不属于非人员推销形式的是（　　）。
A. 上门推销　　B. 公共关系　　C. 营业推广　　D. 广告

四、判断题

1. 扩大产品的深度，增加饭店产品生产线，搞多种经营，就能扩大饭店企业的销售领域，有利于分担饭店的营销风险，增加饭店企业在竞争中的适应能力。（　　）

2. 在有竞争的情况下，可运用差别定价法，把最低等级价格定得低于竞争对手的价格，这样能在竞争中处于有利的地位。（　　）

3. 饭店根据客房的等级不同进行差别定价是合理的，但是价格分级要与客房等级相一致，让使顾客认同房价的差别。（　　）

4. 现金折扣属于差别定价策略，是对在约定付款期以现金付款或提前付款的顾客，给予一定折扣的方法。（　　）

5. 饭店给予中间商一定比例的价格折扣，属于同业折扣，是为了加强与旅行社的合作，保证客源。（　　）

6. 营销渠道的长度是指在这些环节中所涉及的同类中间商的数量。同类中间商的数量越多，说明营销渠道越长。（　　）

五、简答题

1. 饭店产品定价的原则有哪些？

2. 折扣与折让定价策略主要包括哪些方式？

3. 试分析独家销售渠道的优劣。

第三节　饭店公共关系概述

一、名词解释

1. 饭店公共关系

2. 公关主体

二、填空题

1. 公共关系由__________、____________、____________三大基本要素构成。

2. 饭店的公关主体就是______________。

3. 公共关系都是运用____________________来加深公关主体和__________________之间的关系的。

4. 饭店公关还必须坚持创新，要以独特的思维、新颖的内容、灵活多变的形式来开展各种公关活动，从而达到____________、____________、____________、增加美誉的目的。

三、选择题

1. （　　）是饭店开展公关活动的专业职能部门。

A. 销售部　　B. 财务部　　C. 前厅部　　D. 公关部

2. 社会公共关系的种类很多，如政府机构、军队系统、医院学校、工商企业等各行各业都有自己的公共关系，这说明（　　）。

A. 饭店公共关系是社会公共关系的一个行业分支

B. 饭店公共关系是一种目的明确的公共关系活动

C. 饭店公关是一种以信息沟通和关系协调为表现特色的管理活动

D. 饭店公共关系的形式可以是多样化的

3. 下列选项中，不属于公关手段的是（　　）。

A. 向会员发送个性化生日卡片　　B. 召开新闻发布会

C. 资助困难大学生　　D. 降价促销

4. 饭店开展公关活动，就必须充分考虑各种特定公众的利益，强调饭店利益、特定公众利益和社会利益的协调性。这说明饭店公关（　　）。

A. 以公众为对象　　B. 以美誉为目的

C. 以互惠为原则　　D. 以情感为纽带

四、判断题

1. 因其职位重要或具有某些特殊才艺，有可能成为公关主体，如饭店总经理、著名厨师或者动漫人物等。（　　）

2. 公关客体是指公关活动的作用对象或活动对象，即所有的社会公众。（　　）

3. 所谓“诚招天下客，信得万人心”，说明饭店公关活动要以诚恳的态度、诚实的信誉对待顾客，做到表里如一，言行一致。（　　）

4. 所谓特定公众，是指根据公关活动的目的不同而能够对其产生影响的公众。（　　）

五、简答题

1. 饭店公共关系的特点是什么？

2. 简述公关活动和产品推销活动的区别。

第四节　饭店公共关系的类型和工作程序

一、名词解释

1. 宣传性公关

2. 公关活动费用

二、填空题

1. 饭店公共关系的类型有__________公关、__________公关、__________公关、__________公关、__________公关。

2. 饭店公关年度预算的费用主要由三个部分构成：__________________、__________________、__________________。

3. 饭店信息收集的方法有____________、____________、____________、____________。

4. 主要的公关策略有__________方式和策略、__________方式和策略、__________方式和策略、__________方式和策略。

三、选择题

1. 以提供各种实惠性服务为表现形式来达到与特定公众的沟通，增进友谊，为饭店产品推开销路，这种公关活动是（ ）。

A. 宣传性公关 B. 服务性公关 C. 交际性公关 D. 公益性公关

2. 下列选项中，不属于宣传性公关活动的是（ ）。

A. 召开新闻发布会 B. 召开鸡尾酒会

C. 召开记者招待会 D. 印发宣传小册子

3. 某饭店公关部员工小李电话回访顾客，了解其入住亲子套房的服务体验与感受，这种信息收集分析方法是（ ）。

A. 访谈调查法 B. 问卷调查法 C. 观察法 D. 资料查阅法

4. 组织有关人员亲临现场，观察收集信息，这种信息收集方法属于（ ）。

A. 访谈调查法 B. 问卷调查法 C. 观察法 D. 资料查阅法

四、判断题

1. VIP 顾客的特别服务活动属于征询性公关活动，它是免费的。（ ）

2. 公关修整是根据公关活动评估结果，找出公共关系工作中存在的问题和原因，提出改进措施，以不断提高饭店公关水平。（ ）

3. 公关策略是在公关计划和公关目标的基础上完成的。（ ）

4. 公关活动的实施与传播，要根据饭店不同发展阶段的需要和实际，分别采用不同的实施方式和公关策略。（ ）

五、简答题

1. 简述饭店公共关系的工作程序。

2. 饭店公关决策包括哪些重点工作？

六、综合题

公关活动的实施与传播，要根据饭店不同发展阶段的需要和实际，分别采用不同的实施方式和公关策略，请根据所学资料，把下表补充完整。

饭店不同发展阶段的公关策略

策略	概念	表现形式	适用性
	以公关宣传为主，主动向社会公众和特定公众宣传、介绍自己的产品和服务	利用屋顶、路牌、报刊做宣传广告，大量散发宣传小册子	
	通过信息收集，反馈到饭店和各部门，促进饭店改进，进一步提高饭店声誉，树立良好形象	防御为主。将公众和顾客的意见、建议、投诉等反映到饭店和各部门	
	因企业受损，必须立即采取一系列有效措施和方法来挽回企业形象	澄清事实，消除误解，向社会公众公布为纠正偏差而采取的措施，尽快平息风波，恢复信任	
	以主动出击、集中开展有重大影响的公关活动为主	以新、奇、快的方式大力开展公关宣传、广告，积极走访有关客户、公关对象，营造企业受众的正面舆论氛围	

第六章　饭店人力资源管理

第一节　饭店人力资源管理概述

一、名词解释

1. 饭店人力资源管理

2. 人才调适

二、填空题

1. 饭店人力资源部门进行人力资源管理的主要工作内容包括人力资源规划、______________、____________、绩效考评和薪酬管理等部分。

2. 饭店人力资源管理的跨越性主要集中表现在__________和__________两个方面。

3. 饭店人力资源价值具有______________，饭店和一般企业不同，它以出租使用价值和提供服务为主。

4. 影响员工流动的五个基本要素是：______________、_______________、工资福利、______________和人际关系。

三、选择题

1. 我国的一些饭店也实现了跨地区、跨国界的集团化经营管理，如上海锦江饭店集团、广州白天鹅饭店集团等，这就使得我国饭店人力资源管理带有明显的地域（　　）。

A. 局外性　　B. 跨越性　　C. 超前性　　D. 因果性

2. 造就人的目的是为了（　　）人。

A. 招聘　　B. 使用　　C. 留住　　D. 评价

3. 现在的人才，若干年后可能就是“现代文盲”。因此，饭店人力资源管理者要有（　　）意识。

A. 责任　　B. 服务　　C. 超前　　D. 管理

4. 要不断培养和造就各种人才，使用各种人才，其基础首先是了解和（　　）人。

A. 招聘　　B. 使用　　C. 留住　　D. 评价

四、判断题

1. 人力资源管理是决定饭店经营成败唯一的要素。（　　）

2. 了解人是在评价人、造就人的基础上，对人量才录用，是人力资源开发的中心任务。（　　）

3. 饭店要正确对待、认真处理好人才流动，懂得人才流动的客观必然性和人才流动的规律，在保证本饭店人才基本稳定的前提下，不允许人才正常流动。（　　）

4. 要真正达到饭店人力资源开发和利用的目的，必须有一套科学合理的人才开发和利用体系，形成人才辈出的优化机制。（　　）

五、简答题

1. 饭店人力资源管理的任务是什么?

2. 如何建立饭店人力资源开发利用体系?

第二节　饭店人力资源规划

一、名词解释

饭店人力资源规划

二、填空题

1. 人力发展包括________________、________________及人员培训，这三者紧密联系，不可分割。

2. 任何组织的特性，都是在不断地追求生存和发展，而生存和发展的主要因素是____________________________。

3. 饭店人力资源规划从内容上看可以区分为______________________、组织人事规划、__________________和员工开发规划四类规划。

4. 饭店组织内的人员在未来职位的分配，是通过有计划的人员内部流动来实现的。这种内部的流动计划就是______________，如轮岗、人力使用计划等。

三、选择题

1. 下列选项中，不属于影响饭店组织结构用人数目的因素的是（　　）。

A. 工作量　　B. 技术革新　　C. 组织工作制度　　D. 外部招聘

2. （　　）实质上是饭店晋升政策的一种表达方式，它根据饭店的人员分布状况和层级结构，拟定员工的晋升政策和晋升路线，包括晋升比例、平均年薪、晋升时间、晋升人数等指标。

A. 晋升体制　　B. 晋升渠道　　C. 晋升规划　　D. 晋升空间

3. 饭店人力资源规划不包括（　　）。

A. 人员需求量规划　　B. 招聘途径规划

C. 组织人事规划　　D. 人员能力素质规划

四、判断题

1. 上层职位较少而待提升人员较多时，通过调配规划可改变工作的分配方式，从而减少负担过重的职位数量，解决工作负荷不均的问题。（　　）

2. 因为饭店的内部环境和外部环境都是不断改变的，所以人力资源规划也必须不断地随之更新。（　　）

3. 饭店的人力资源规划是一项静态的规划项目。（　　）

4. 培训开发规划的目的，是为饭店中、长期所需弥补的职位空缺事先准备人员。（　　）

五、简答题

1. 简述饭店人力资源规划的内容。

2. 简述饭店人力资源规划的程序。

第三节　饭店招聘与配置

一、名词解释

1. 饭店招聘

2. 饭店人力资源配置

二、填空题

1. 饭店在人员招聘过程中必须坚持四个原则，这四个原则是________的原则、公正的原则、________的原则和___________的原则。

2. 饭店根据劳动合同执行员工的试用期，新聘员工试用期为______个月，最长不超过______个月，从签署《员工试用期劳动合同书》之日起计算。

3. 饭店内部招聘应建立在公平、公正、公开的基础上，应遵从________________模型标准的规定执行。

三、选择题

1. 下列选项中，不属于饭店招聘应遵循的原则的是（　　）。

A. 效率优先　　　　B. 能位对应　　　　C. 公平公正　　　　D. 双向选择

2. 人和事的不适应是绝对的，适应是相对的，不适应到适应是在运动中实现，不断调整人与事的关系才能达到重新适应。这体现了饭店人力资源配置的（　　）原理。

A. 要素有用　　　　B. 能位对应　　　　C. 互补增值　　　　D. 动态适应

3. 饭店招聘员工时，坚持内部招聘与外部招聘相结合的原则，内部人员符合该招聘岗位的能力素质要求时，坚持（　　）优先招聘的原则。

A. 专业技能扎实　　　　B. 内部

C. 基础知识扎实　　　　D. 外部

4. 面试官在面试时主要对面试者的团队精神、责任感、服务意识等方面进行测试，这体现了面试官对面试者（　　）方面的重视。

A. 知识　　　　B. 技能　　　　C. 经验　　　　D. 职业素养

四、判断题

1. 饭店人员招聘，是饭店人力资源生产与开发之后的关键环节，也是饭店人力资源经济运动的核心。（　　）

2. 没有无用之人，只有没用好之人。（　　）

3. 人力资源招聘的目的是把饭店需要的优秀人才招聘到饭店来，并将不同类型的人才配置在重要的岗位上，发挥他们最大的优势和潜能，从而使饭店和员工获得共同的成长与进步。（　　）

五、简答题

1. 简述面试的主要内容。

2. 饭店人力资源配置的原理是什么？

六、综合题

某饭店由于客房部员工流失，人手短缺，现需招聘 6 名客房部员工，人力资源部经理要求人力资源部员工负责完成这一场招聘，假如你是这名人力资源部员工，要如何开展你的工作?

第四节 饭店员工培训

一、名词解释

1. 饭店员工培训

2. 上岗引导

二、填空题

1. 饭店员工培训的目的是提高饭店员工的____________和____________，以适应当前的岗位工作和未来发展的需要。

2. 饭店员工作为企业文化塑造的主体，经过培训后其自身素质得到进一步提高，也能获得与饭店要求一致的______________和_________________。

3. 督导层是饭店的中坚力量，饭店主要从____________、____________和人际交往能力方面进行培训。

4. 一个完整的培训计划应包括______________、______________、培训对象、培训内容、训导师、__________________、__________________、培训教材、培训要求、培训考评、费用等内容。

三、选择题

1. 下列选项中，不属于决策管理者培训的侧重点的是（　　）。

A. 概念化能力　　B. 判断力　　C. 逻辑思维能力　　D. 行动能力

2. 处理顾客投诉、协调顾客关系，这体现了饭店督导层人际交往能力中的（　　）能力。

A. 对上级交往　　B. 平级交往　　C. 下属交往　　D. 对客关系

3. （　　）是实现培训目标的关键。

A. 培训需求分析　　B. 制订培训计划

C. 实施培训计划　　D. 培训效果评估

四、判断题

1. 判断力是指管理者对一些事物进行的符合常理的判断，较强的逻辑思维能力有助于提高管理者实际工作行为的有效性。（　　）

2. 脱岗培训是指饭店员工在工作场所、在完成生产任务的过程中接受的培训。（　　）

3. 资料表明，未经培训的员工的事故发生率几乎是经过培训员工的三十倍。（　　）

4. 目前，饭店的一些岗位实行职业资格准入制度，要求员工上岗前先培训，再考评，获取资格证后才能上岗，未经培训或培训不合格者不得上岗。（　　）

五、简答题

1. 简述饭店员工培训的意义。

2. 如何计划和实施培训？

第五节　饭店员工绩效考评

一、名词解释

饭店员工绩效考评

二、填空题

1. 绩效考评具有促进______________________________，了解彼此对对方期望的作用。

2. 绩效考评的流程通常按照____________________、__________________、选拔考评人员、收集信息资料、__________________五个环节进行，此后，还要将考评结果进行运用。

3. 绩效考评是一项技术性很强的工作，其技术准备主要包括确定考评标准、______________________、__________________。

4. 收集资料信息的方法主要有______________、现场视察记录、考勤记录、____________、定期抽查等。

三、选择题

1. 下列选项中，不属于绩效考评的目的的是（　　）。

   A. 一种绩效控制的手段　　B. 为公平合理地确定薪酬提供依据

   C. 员工调迁、升降、淘汰的重要标准　　D. 工作成果的具体表现

2. （　　）是从事本职工作所必须具备的基本能力和应用能力。

   A. 德　　B. 能　　C. 勤　　D. 绩

3. 下列选项中，不属于选拔考评人员可考虑的人选的是（　　）。

   A. 直接主管　　B. 人力资源部门代表

   C. 人才市场主管　　D. 专业评估小组

4. 某饭店人力资源部每隔 3 个月就对员工的资料进行一次收集整理，这属于（　　）。

A. 工作日志　　B. 现场视察记录　　C. 考勤记录　　D. 定期抽查

四、判断题

1. “德、能”是业绩的基础，“勤、绩”是工作成果的具体表现，而以“能”为考评中心。（　　）

2. 绩效考评是执行惩戒的依据之一，而惩戒也是提高工作效率、改善绩效不可缺少的措施。（　　）

3. 考评目的应根据不同的考评时间、对象和内容来确定。（　　）

4. 通过绩效考评可以评估员工对现任职位的胜任程度和发展潜力，为改善饭店的员工结构和素质能力提供依据。（　　）

五、简答题

1. 饭店员工绩效考评具体有哪些内容？

2. 简述饭店员工绩效考评的流程。

第六节　饭店薪酬管理

一、名词解释

1. 饭店薪酬管理

2. 薪酬水平

二、填空题

1. 饭店薪酬管理，其目的在于________________________________，并________________________________，最终实现饭店的经营目标。

2. 饭店支付的经济性薪酬为员工的生活提供了基本的______________，而那些非经济性薪酬则为员工提供了市场上无法买到的______________。

3. 对于饭店来说，______________是一项重要的成本开支，通过有效的薪酬控制，饭店可以在一定程度上降低总成本，从而扩大产品和服务的利润空间。

4. ______________________可以作为构建饭店企业文化的制度性基础，对饭店企业文化的发展方向具有重要的引导作用。

三、选择题

1. 薪酬不仅是劳动付出的结果，同时也是劳动付出的原因。在此基础上，有效的薪酬管理能够（　　）。

A. 吸引和保留优秀的员工　　B. 激发员工的工作积极性

C. 改善饭店的绩效　　D. 塑造良好的饭店企业文化

2. 下列选项中，属于经济性报酬的是（　　）。

A. 工作的挑战性　　B. 个人的成长

C. 个人福利　　D. 同事的关怀

3. 下列选项中，属于非经济新报酬的是（　　）。

A. 超时奖　　B. 特殊贡献奖

C. 技能工资　　D. 舒适的工作环境

4. 小明是某饭店客房部的员工，除了基本工资外，他每完成 1 间房的清扫，将会有额外的提成，这是饭店薪酬制度里的（　　）工资。

A. 技能　　B. 计时　　C. 计件　　D. 职务

四、判断题

1. 从某种意义上说，最优秀的员工也是最有可能流失的员工。（　　）

2. 激发员工的工作积极性，是薪酬管理最基本的作用。（　　）

3. 有效的薪酬管理，其关键在于能够比竞争者更有效地满足这些员工在生理和心理方面的需求，使他们留下来为饭店服务。（　　）

4. 饭店薪酬管理系统主要由经济性报酬、非经济性报酬和其他报酬三个部分组成。（　　）

五、简答题

1. 简述饭店薪酬管理的作用。

2. 简述薪酬水平、薪酬结构、薪酬形式、薪酬调整、薪酬控制的内涵。

第七节　饭店员工职业生涯规划

一、名词解释

1. 饭店员工职业生涯规划

2. 自我评估

二、填空题

1. 职业立业阶段，员工的______________和___________特别强烈。

2. ________________阶段的员工一般会选择退休，并开始完全从事非工作活动，如运动、业余爱好、旅行及义务性工作。

3. 目标设置是指员工形成__________和__________职业生涯目标的过程。

4. 职业维持阶段，员工的年龄一般在____________________。

三、选择题

1. 对于（　　）的员工，组织要给予他们必要的指导和帮助，对他们进行岗前培训，加强对行业的认识，以帮助员工尽可能快地适应新的工作环境和同事，从而实现组织目标。

A. 职业探索阶段　　B. 职业立业阶段

C. 职业维持阶段　　D. 职业离职阶段

2. 对于（　　）的员工，组织要关心他们的学习要求，并提供一定的学习机会。

A. 职业探索阶段　　　　　B. 职业立业阶段
C. 职业维持阶段　　　　　D. 职业离职阶段

3. 下列选项中，不属于职业探索阶段的开发任务的是（　　）。

A. 了解与评价职业和组织的信息
B. 了解个人兴趣、技能，使自己与工作相匹配
C. 搞好人际关系，学会与人沟通
D. 提高自己的管理水平

4. 下列选项中，不属于员工自我评估的内容的是（　　）。

A. 职业兴趣　　B. 价值观　　C. 晋升机会　　D. 性格

四、判断题

1. 目标设置通常包括工作岗位、理想职位、技能水平、业务水平等。（　　）
2. 职业维持阶段，组织应关心员工的健康，为他们培养自己的兴趣爱好多创造条件。（　　）
3. 职业生涯规划的类型和主要内容会随着职业生涯发展的不同阶段而有所不同。（　　）
4. 职业生涯规划有员工自我评估、工作检验、目标设置三个部分。（　　）

五、简答题

1. 职业生涯发展有哪些阶段？

2. 职业维持阶段有哪些开发任务？

六、综合题

请为自己设计一份5年职业生涯规划。

第七章　饭店服务质量管理

第一节　饭店服务质量概述

一、名词解释

1. 饭店服务质量

2. 劳务服务质量

二、填空题

1. 饭店服务质量由__________、__________、__________、__________和__________五个基本要素构成。

2. 服务用品质量要求__________、数量充裕、__________、使用方便、__________等。

3. 饭店服务质量主要包含__________、__________、实物产品质量、服务环境质量四个方面内容。

4. 饭店服务质量管理的目的，就是__________。

三、选择题

1. 饭店服务质量主要包含四个方面内容，其中属于无形的是（　　）。

A. 劳务服务质量　　B. 设备设施质量

C. 实物产品质量　　D. 服务环境质量

2. “遵纪守法，廉洁奉公”是劳务服务质量的（　　）体现。

A. 礼貌礼节　　B. 服务项目　　C. 职业道德　　D. 服务态度

3. 下列选项中，不属于服务技能的是（　　）。

A. 操作技能　　B. 推销技能　　C. 沟通技能　　D. 遵纪守法

4. 下列选项中，不属于实物产品质量的是（　　）。

A. 菜品酒水质量　　B. 客用品质量

C. 服务用品质量　　D. 员工的服务态度

四、判断题

1. 饭店服务的使用价值适合和满足宾客的程度越高，代表饭店服务质量越好。（　　）

2. 饭店的设备设施是饭店赖以生存的基础，是饭店给顾客提供服务必备的条件，是饭店服务质量的重要内容。（　　）

3. 为饭店顾客提供各种服务的愿望及反应的快慢程度是饭店服务质量反应性的衡量内容。（　　）

4. 饭店的实物产品质量是指饭店员工为顾客提供服务时表现的行为方式。（　　）

五、简答题

1. 如何提升饭店的服务环境质量?

2. 饭店设备设施质量的具体要求是什么?

第二节　饭店服务全面质量管理

一、名词解释

1. 饭店全面质量管理

2. 饭店全方位质量管理

3. 标准化

4. 程序化

二、填空题

1. 饭店服务全员质量管理，主要是指____________、____________、____________、____________等各层级人员的人才素质管理和质量管理，它贯串于饭店各层级人员执行饭店质量计划、完成质量目标的过程之中。

2. 现代化管理方法有________________方法、数理统计方法、____________、ISO 9000标准方法等。

3. __________使饭店的服务质量管理有章可循，这就为服务质量管理提供了保证，有利于贯彻预防为主的方针。

4. 提高服务质量，目的在于创造更大的________________，使饭店在市场竞争中立于不败之地。

三、选择题

1. 采用多样性和全面性的管理方法，以达到服务高质量的目的，这是指（　　）。

   A. 饭店服务的全方法质量管理　　B. 饭店服务全效益质量管理

   C. 饭店服务全员质量管理　　D. 饭店全过程服务质量管理

2. 下列选项中，属于直接为顾客服务的各项规章制度的是（　　）。

   A. 交接班制度　　B. 考勤制度　　C. 培训制度　　D. 住宿登记制度

3. 下列选项中，不属于饭店服务全效益质量管理下追求的效益的是（　　）。

A. 经济效益　　　　B. 社会效益　　　　C. 环境效益　　　　D. 科技效益

4. 饭店在旅游旺季时，服务工作量势必大量增加，如果没有制度保证，就可能偷工减料、马虎从事、降低质量标准。这体现了饭店全面质量管理基础工作的（　　）内容。

A. 标准化　　　　B. 程序化　　　　C. 商业化　　　　D. 制度化

四、判断题

1. 饭店服务主要是追求经济效益，社会效益和环境效益只是其次。（　　）

2. 标准化是指顾客衡量饭店所提供的服务是否符合价值规律依据，也是饭店服务质量检查的尺度。（　　）

3. 服务程序的制定以服务人员自己的方便、轻松为首要原则。（　　）

4. 制度化使饭店的服务质量管理有章可循，这就为服务质量管理提供了保证，有利于贯彻预防为主的方针。（　　）

五、简答题

1. 饭店全面质量管理的主要内容是什么？

2. 饭店服务全面质量管理的基础工作包括哪些方面？

第三节　饭店服务质量分析和管理方法

一、名词解释

PDCA 循环法

二、填空题

1. 影响饭店质量的因素很多，但可以归纳为五大类：__________、____________、原材料、__________、环境。

2. 排列图又称_________________或帕累托（Pareto）图。

3. ________________是分析质量问题产生原因的简单而有效的方法。

三、选择题

1. 处理质量保证过程中发生的问题是指“PDCA”的（　　）阶段。

A. P　　B. D　　C. C　　D. A

2. 全面客观地分析各种影响因素，对计划内容的合理性做出符合实际的评价，属于（　　）阶段。

A. 计划　　B. 执行　　C. 检查　　D. 处理

3. （　　）又被称为 ABC 分析法。

A. 排列图法　　B. 因果分析图法

C. 质量管理方法　　D. PDCA 循环法

4. 下列选项中，不属于计划阶段的内容的是（　　）。

A. 分析现状，找出存在的质量问题

B. 分析产生质量问题的各种因素

C. 分析各种影响因素，对计划内容的合理性做出符合实际的评价

D. 针对影响质量的主要因素，制订改进计划，提出活动措施。

四、判断题

1. PDCA 循环法是一种不可循环的方法。　（　　）

2. 德国经济学家帕累托在分析社会财富占有情况时，首先用排列图表示“关键的少数和次要的多数”的关系。（　　）

3. 在饭店中，当质量出现问题时，常采用排列图法和因果分析图法等因素分析法进行分析，找出质量问题的原因，然后予以克服。（　　）

五、简答题

1. 简述因果分析图法的实践过程。

2. 简述 PDCA 循环法的实践过程。

六、综合题

概括介绍 PDCA 循环法四个步骤的工作内容。

第四节　顾客满意与顾客价值

一、名词解释

1. 顾客满意

2. 顾客满意级度

3. 顾客满意经营

4. 顾客价值

二、填空题

1. 顾客满意的基本含义是：____________________、____________________、____________________。

2. ____________层次，即顾客对饭店产品的核心层，如产品的功能、质量、设计和品种等所产生的满意。

3. 顾客满意分值 = 各项目的__________________×项目的______。

4. 顾客满意的英文是________________________________，简称 CS，是现代饭店的一种整体经营手段。

三、选择题

1. 视听满意即饭店具有可视性的外形象给内外顾客的满意状态，不包括（　　）。

A. 饭店标志满意　　B. 标准字满意
C. 标准色满意　　D. 产品满意

2. 服务满意即饭店服务带给内外顾客的满足状态，不包括（　　）。

A. 绩效满意　　B. 保证体系满意
C. 行为机制满意　　D. 情绪和环境满意

3. 饭店全部的运行状况带给内外顾客的满意状态，指的是（　　）。

A. 理念满意　　B. 视听满意　　C. 行为满意　　D. 产品满意

4. （　　）是顾客对饭店产品的核心层，如产品的功能、质量、设计和品种等所产生的满意。

A. 物质满意　　B. 精神满意　　C. 社会满意　　D. 视听满意

四、判断题

1. 饭店应该用希望员工对待顾客的态度和方法对待员工。（　　）

2. 建立顾客满意级度的目的是为了更好地测定顾客对饭店的满意度，或顾客对饭店的产品或服务的满意度。 （ ）

3. 现在的顾客关心的主题不断发生变化，如果不站在顾客的立场来观察和了解顾客最关心的事，并建立起顾客满意度的结构，就可能失去顾客。 （ ）

五、简答题

1. 为了让顾客满意，饭店员工应遵守的三条原则分别是什么？

2. 饭店顾客满意的构成分为哪些方面？

3. 饭店提升顾客价值的方法有哪些？

六、综合题

你认为饭店中是员工第一、还是顾客第一，请简单说说你的观点。